나는 건너간다.

매일

철학하는 삶으로.

최진석의 말

1판 1쇄 찍음 2023년 9월 20일
1판 1쇄 펴냄 2023년 10월 10일

지은이 최진석

주간 김현숙 | **편집 김주희, 이나연**
디자인 이현정, 전미혜
영업·제작 백국현 | **관리 오유나**

펴낸곳 궁리출판 | **펴낸이 이갑수**

등록 1999년 3월 29일 제300-2004-162호
주소 10881 경기도 파주시 회동길 325-12
전화 031-955-9818 | **팩스** 031-955-9848
홈페이지 www.kungree.com
전자우편 kungree@kungree.com
페이스북 /kungreepress | **트위터** @kungreepress
인스타그램 /kungree_press

ⓒ 최진석, 2023.

ISBN 978-89-5820-852-5 (02190)

책값은 뒤표지에 있습니다.
파본은 구입하신 서점에서 바꾸어 드립니다.

헤르만 헤세의 "모든 인간은 자기 자신 이상이다"는 말을 오래 모셨습니다.

건너가기는 지금의 나 이상을 꿈꾸는 나 자신의 수행 방식입니다.

나는 건너가기의 출발선에 다시 서면서,

오늘도 우선 나 자신을 궁금해합니다.

나 자신을 궁금해하던 바로 그 눈으로 당신을 봅니다.

최진석

출처

- 『노자의 목소리로 듣는 도덕경』(최진석 지음, 소나무 펴냄, 2001)
- 『인간이 그리는 무늬』(최진석 지음, 소나무 펴냄, 2013)
- 『생각하는 힘, 노자 인문학』(최진석 지음, 위즈덤하우스 펴냄, 2015)
- 『탁월한 사유의 시선』(최진석 지음, 21세기북스 펴냄, 2017)
- 『경계에 흐르다』(최진석 지음, 소나무 펴냄, 2017)
- 『나 홀로 읽는 도덕경』(최진석 지음, 시공사 펴냄, 2021)
- 『최진석의 대한민국 읽기』(최진석 지음, 북루덴스 펴냄, 2021)
- 『나를 향해 걷는 열 걸음』(최진석 지음, 열림원 펴냄, 2022)
- 『노자와 장자에 기대어』(최진석 지음, 북루덴스 펴냄, 2022)

참고자료

- 최진석의 새말새몸짓 youtube.com/@Real--Stone
- 사단법인 새말새몸짓 www.nwna.or.kr
- 광주KBS〈집중인터뷰 이 사람〉youtube.com/@kbsgwangju
- 그랜드마스터클래스 youtube.com/@user-ep7tk4tw4e
- 뉴스1TV〈이길우의 人사이트〉youtube.com/@news1korea
- 동아일보 인터뷰 2019.10.15. www.donga.com
- 세바시 youtube.com/@sebasi15
- 스터디언 youtube.com/@studian365
- 아주대학교 youtube.com/@-ajouuniversity4682
- 중앙일보〈최진석 칼럼〉www.joongang.co.kr
- 청주KBS〈함께 인문학〉youtube.com/@kbs_cheongju_official
- 테크버스 youtube.com/@techverse.
- 플라톤아카데미TV youtube.com/@platonacademytv
- kbc광주방송〈토크콘서트 화통〉youtube.com/@kbc543
- SBS Biz〈빅퀘스천〉youtube.com/@sbsbizknowledge
- TheAsiaN〈최진석 칼럼〉http://kor.theasian.asia/

최진석

노자 · 장자 연구자, 철학자, 작가.

1959년 음력 정월, 전남 신안의 하의도 곁의 작은 섬 장병도에서 태어나 함평에서 유년 시절을 보냈다. 서강대학교 철학과에서 학사, 석사를 마치고 베이징대학교에서 『성현영의 '장자소' 연구』로 철학박사 학위를 받았다. 서강대학교 철학과 교수, 건명원 초대 원장을 지냈다.

지금은 사단법인 새말새몸짓 이사장, 새말새몸짓 기본학교 교장, KAIST 김재철AI대학원 초빙석학교수, 서강대학교 철학과 명예교수이다. 주말에는 함평군 대동면 향교리에 자리한 호접몽가에서 새말새몸짓 기본학교를 운영하며 후학을 양성하고 있다.

저서로 『노자의 목소리로 듣는 도덕경』, 『인간이 그리는 무늬』, 『생각하는 힘, 노자 인문학』, 『탁월한 사유의 시선』, 『나 홀로 읽는 도덕경』, 『최진석의 대한민국 읽기』, 『노자와 장자에 기대어』, 『나를 향해 걷는 열 걸음』 등이 있고, 『중국사상 명강의』, 『장자철학』, 『노장신론』 등을 해설하고 우리말로 옮겼다. 『노자의 목소리로 듣는 도덕경』은 2013년 중국에서 번역 출판되었다.

『최진석의 말』은 그동안 선보인 여러 저서와 강연에서 가려 뽑은 문장들로, 매일 만나는 최진석 저자의 간결하고 응축된 말이 내 삶과 시대를 돌아보며 철학하는 새로운 날들로 건너가게 한다.

31

12.1

인생의 모든 여정은

자기 자신을 향해 걷는 길입니다.

30

대답은 쉽고 질문은 어렵습니다.

비판은 쉽고 실천은 힘듭니다.

제대로 사는 일은 불편을 감수하면서

자신의 본바탕을 지키는 것입니다.

7월

선도
先導

시대를 읽는 예민함

30

삶에서 가장 핵심적인 것은

자기에게 진실하고, 자기 소명을 발견하고,

자기가 무엇을 바라는지 분명히 한 채

자기를 향해 걷는 것입니다.

1

모든 새로움은 이상한 얼굴로 등장합니다.

세계에 영향을 줄 정도의 혁신은

어색하고 이상한 것으로 출발합니다.

물은 허락된 길을 찾아 흐릅니다.

무엇이 앞길을 막으면 다투지 않고

그저 묵묵히 돌아서 갑니다.

이런 자신의 '운명'에 순응하여

물은 결국에 가장 탁월해지는 것입니다.

생각을 수입하는 사람으로 사는 한, 독립적일 수 없습니다.

그렇게 하면 산업이든 정치든 문화든

가장 근본적인 면에서는 종속적입니다.

다른 사람들이 생각해낸 결과를 따라하기만 하다 보면

스스로는 생각을 하지 못하게 되어버리기도 합니다.

28

인간적으로 사는 길은

한 번이라도 이 세상에서 어떻게 살다 가고 싶은지

자신에게 질문하는 자의 몫입니다.

사회나 어떤 조직을 끌고 가는 사람이 리더입니다.

그러나 진정한 리더란

삶의 주인이 되어

자기 스스로 삶을 끌고 가는 사람입니다.

내 생각을 '옳다' '그르다'의 잣대로 사용하는 순간

우리 삶은 형편없어집니다.

자신을 믿지 못하면서 어떤 꿈이 가능할까요?

자기 꿈마저도 다른 사람에게 검증받으려고 한다면

여기서 한 발짝도 움직이지 못하게 될 것입니다.

21

선도하는 사람은 '장르'를 만드는 자입니다.

개인 차원에서 장르란 '꿈'입니다.

지금 고유한 자신으로 고품격의 삶을

살고 있는지 아닌지를 알려면 자신에게 물어보십시오.

"나는 무슨 꿈을 꾸고 있는가?"

꿈이 있는 사람은 선도적 삶을 살고 있습니다.

26

지혜란 다른 말로 하면 '멈추지 않기'입니다.

정해진 마음成心 없이,

생각하는 수고를 멈추지 않는다면

'다음'으로 건너가는 '성숙'을 이룰 수 있을 것입니다.

선진국은 '장르'를 만듭니다.

그 장르가 새로운 산업이 되어서

경제적인 성취를 이루고,

경제적 성취가 힘을 형성하여 앞으로 나아가게 합니다.

25

'지식'은 세계를 이해하는 강력한 도구입니다.

'내공'은 어떤 도구를 자유자재로 쓰는 힘입니다.

탁월한 사람은

지식과 내공을 함께 품은 자입니다.

소서 6.1

질문하고 있습니까? 대답하고 있습니까?

국가의 힘, 국력을 가르는 것은

질문하는 사람의 많고 적음,

창의력의 수준과 맞닿아 있습니다.

24

직장인과 직업인은 다릅니다.

직과 업이 분리된 사람들로 채워진 조직에는 부패가

만연하고 생기가 없습니다. 하지만 직과 업이 일치하는

사람은 돈 몇 푼에 영혼을 팔지 않습니다.

그리고 몰입할 수 있습니다.

창의적인 도전을 할 수 있습니다.

『탁월한 사유의 시선』

지식은 만들어지는 순간, 멈추는 속성이 있습니다.

흡수한 지식에 매몰되다 보면,

멈추는 사람, 과거를 지키는 사람,

대답하는 사람으로 굳어져갑니다.

23

'직'은 자기가 맡은 역할이고,

'업'은 사명 혹은 자아실현을 의미합니다.

직업이라는 말의 의미는 자신이 찾은 그 역할을 통해

자신을 완성해간다는 것입니다.

'다음'을 꿈꾸는 사람은 질문을 합니다.

'질문'은 다음으로 건너가기 위한 지적 활동입니다.

22

지금 자신이 서 있는 바로 여기가

거룩함이 등장하는 원초적 토양입니다.

이상적인 삶은 저 멀리 있는 곳에

도달하려는 몸부림이 아니라,

바로 여기서부터 출발하는 착실한 발걸음일 뿐입니다.

'따라하기'를 해야 결국 따라잡을 수 있습니다.

그러나 따라하기에만 머물러 있으면,

선도^{先導}나 창의를 발휘하려는 의지가 줄어들게 됩니다.

지금까지와는 다른 시선으로 새롭게 볼 줄 알아야

한 단계 높은 차원으로 발전할 수 있습니다.

21

하지

우리는 예술 작품 앞에서

한 인간이 자신에게만 있는 고유함을

보편적인 높이로 승화시키기 위해

얼마나 꾸준히 걸었는지를 느끼고 감동합니다.

자기 자신이 된 사람은 자기 자신을 넘어섭니다.

10

다른 사람이 한 생각의 결과를 수행하는 삶에서

스스로 생각해서 사는 삶으로,

지식수입국에서 지식생산국으로 나아가는 것이

중진국을 벗어나 선도국으로 도약하는 길입니다.

5.15

계산이나 가늠이 분명한 것은 꿈이 아닙니다.

명료하게 해석되거나 누구나 다

이해할 수 있는 것은 꿈이 아닙니다.

이길 수 없거나 닿을 수 없다고 미리 판단해 물러선다면

우리는 결코 꿈을 꾸지 못할 것입니다.

11

선도력은 앞에서 인도하며 끌고 가는 힘으로,

자신에게만 있는 고유하고 앞선 무엇인가를

가지고 있어야 만들어질 수 있습니다.

19

자기 인생의 지향점을 발견했다면,

그 일이 제대로 된 선택인지 아닌지 고민하기보다는

거기에 몰입하는 일이 먼저입니다.

그냥 하면 되는 것입니다.

12

새로워져야 할 때 새로워지지 않으면

현재 상황이 유지되는 것이 아니라

급속하게 낡아지는 것이 세상의 이치입니다.

18

합리를 따지기보다는 꿈을 꾸십시오.

꿈은 언제나 이룰 수 없는 것처럼 보입니다.

이룰 수 있는 것처럼 보인다면,

그것은 이미 꿈이 아닙니다.

꿈은 생래적으로 거칠고 비합리적이며 돌출적입니다.

13

이미 있는 길을 가는 데 익숙해지면

도약하는 삶에 닿을 수 없습니다.

없는 길을 열면서 가는 것을 당연하게

생각한다면 선도하는 주체가 될 수 있습니다.

생각의 높이가 삶을 다르게 만듭니다.

17

덕이 없으면 이웃도 원수로 만들 수 있습니다.

덕이 있으면 원수도 이웃으로 만들 수 있습니다.

덕은 향기처럼 주변에 전해지는 것입니다.

14

이미 아는 것, 믿는 것만 수행하려 한다면,

새로움을 기약하는 혁신적 도전에 나서지 못합니다.

사회가 멈추고 하강하는 이유입니다.

16

진실한 마음으로 자기 사명을 발견하고

그 사명을 꾸준히 수행하는

사람에게서는 향기가 난다고 합니다.

그것은 오직 그만이 지닌 향기라서

사람들에게 믿음을 줍니다.

15

초복

모든 발전은

현재의 다음 단계를 궁금해하고 꿈꾸다가

거기에 몰입하면서 이루어집니다.

15

'착실한 보폭'이 없는 높은 경지란 없습니다.

어떤 경지도

일관성과 지속성이 함께 쌓아 올리는 것입니다.

16

우리 사회는 과거에 멈춰 있습니다.

민주화 다음의 미래를 우리의 힘만으로 열어야 합니다.

민주화 다음은 선진화입니다.

신진화는 창의적 활동이 이끄는 단계로

질문하는 능력이 필수입니다.

121

'별처럼 산다'는 것은 '내가 나로 빛난다'는 뜻입니다.

그렇게 살 수 있는 가장 큰 힘은 '원하는 것'입니다.

원하는 것이 없는 삶은 빛날 수 없습니다.

원해야 합니다.

17

제헌절

성인의 말씀을 읽는 것으로

내가 성인이 된 듯 착각할 때가 있습니다.

혁신에 대해 토론하는 것으로

혁신을 한 듯 착각할 때가 있습니다.

덕이든 혁신이든 일상에서 사건으로

발동시켜야 진짜입니다.

13

자기가 어디로 향하는지도 모른 채

맹목적으로 열심히만 사는 것은

삶에 큰 승리를 가져다주지 않습니다.

18

우리 시대의 문제는

민주화 다음으로 선도력을 갖는 단계로

이행하는 것입니다.

과학, 인문, 논리, 법의 단계로 상승하는 것입니다.

종속성을 벗어나 더 독립적이고

더 자유스러운 단계로 넘어가야 합니다.

『최진석의 대한민국 읽기』   200/166

12

성실성은 각자가 탁월하다고 선택한 것을

지속하는 태도입니다.

성실성은 '공감'으로 연결됩니다.

우리는 인간으로서의 성실성을 실현해나가면서

타인과 공감하게 되고, 타자를 내 울타리 안으로

끌어들여 경계를 허물 수 있습니다.

『나를 향해 걷는 열 걸음』

19

다른 사람들이 한 생각의 결과로 살던 삶에서

스스로 생각하여 사는 삶으로 건너간다면

개인도 조직도 국가도

높은 차원으로 도약할 수 있습니다.

그것이 일류의 길입니다.

11

"성실함 자체는 하늘의 도리고,

성실함을 실천하려고 애쓰는 것은 사람의 도리다.

誠者天之道也 誠之者人之道也"

『중용』이 말하는 사람의 도리란

탁월하다고 생각한 일을 책임지고 계속하는 것입니다.

6.15

국가 발전은 철학적 시선이 있어야 도달할 수 있습니다.

철학적 높이에 도달한다는 것은 높은 차원에서

시대의 흐름을 관념으로 포착하는 일입니다.

선도하는 나라는 철학과 국가 발전을

연결시켜 생각합니다.

10

단오

기회를 잡는 사람은

그 기회를 잡을 능력이 준비된 사람입니다.

그러기 위해서는

하루하루 새로운 날인 것처럼

지금 하는 일에 집중해야 합니다.

21

대부분의 사람들이 평범하고 대중적인 관심에

빠져 있을 때, 시대 문제를 포착하여

새로운 장르를 형성하는 사람이 있습니다.

그는 번잡한 일상 속에서도 사람들의 욕망이

어디로 이동하는지, 그 흐름을 시대의식으로 포착하여

구체적으로 적용할 줄 아는 사람입니다.

자아실현이나 완성은 장소에 좌우되지 않습니다.

오히려 장소를 지배하는 자신의 사명이 결정적입니다.

자신이 있는 곳에서

자기가 중심을 지키면서 실현되는 것입니다.

대서

우리의 생각이 우리에게서 생산될 때

비로소 스스로 주인이 될 수 있습니다.

스스로 사유하지 않고 사유의 결과들을

받아들이기만 한다면 노예적 삶을 사는 것입니다.

지식보다는 지혜가 중요한 것이 이치이지만,

지식을 소홀히 하는 우를 범해서는 안 됩니다.

지식 쌓는 일을 겸손하고 부단하게 반복하는 것이

지식을 지혜로 이끌어주는 첩경일 것입니다.

23

백 년 가는 기업은 보기 힘든 데 반해

수백 년 가는 대학들은 있습니다.

둘의 차이는 '정신'에 있습니다.

정신보다는 이익이 중요한 기업과는 다르게,

대학은 이익보다는 정신이 큰 비중을 차지하기 때문에

더 성장하고 길게 갈 수 있습니다.

『최진석의 대한민국 읽기』

인간은 신비로운 동물입니다.

내가 어떤 사람이 되기를 원하면 그런 사람이 되고,

어떤 사람이 되기를 원하지 않으면

절대 그런 사람이 되지 않습니다.

24

정신의 다른 말은

꿈이기도 하고, 비전이기도 하고, 목적이기도 하고,

본질적인 가치이기도 하고, 사상이기도 합니다.

현충일 5.1

자신의 일을 묵묵히 하다 보면

어느 순간 해왔던 일이 다르게 보이는 때가 있습니다.

인문학적 통찰에 이르는 길이 정해져 있는 것이 아니라

최선으로 일하다 보면 그 안에서 새로운 경로들이 생겨나

창의적인 활동으로 이어주는 것입니다.

25

중복

질문이 많으면 선진국,

대답이 많으면

후진국이거나 중진국입니다.

대답은 과거에 머물게 하고

질문은 미래로 열리게 합니다.

망종

'나는 왜 행복하지 않을까?' '나는 왜 무기력할까?'

이런 생각이 든다면,

자기가 원하는 소명을 찾아야 합니다.

26

선진화는 난이도가 높은 목표입니다.

문화적이고 철학적이고 예술적인 시선을

구체화시키는 것이기에 그렇습니다.

그러나 이것이 철학을 공부해야 하는 이유가 됩니다.

'철학'이 '시대'라는 현실적 맥락 속에서

새로운 사유를 만드는 일이기 때문입니다.

『탁월한 사유의 시선』 208/158

21

많은 사람들이 원하는 것보다 당연한 것으로

자기 자신을 채우고 살아갑니다.

원하는 것이 스스로에게 분명할 때

별처럼 빛나는 삶을 살 가능성이 커집니다.

새로운 흐름은 예민한 사람에게 읽힙니다.

새로 등장하는 조짐과 신호를 읽는 사람이나

사회에는 예민함이 작동하고 있습니다.

이 예민함으로 먼저 대응하고 앞서 나갈 수 있습니다.

어찌해볼 도리가 없는 상태, 그 막다른 길목에서

세상의 거의 모든 고전이 탄생했습니다.

자신이 돌파해야 할 한계를 스스로 정하고

그 한계를 기꺼이 만나본 사람은

자기만의 고전을 쓰게 됩니다.

28

더 자유로운 삶, 더 생산적인 삶을 원한다면

이미 있는 것 다음을 꿈꾸는

황당함을 가져야 합니다.

고요를 경험해야 자신이 가야 하는 길과

바라는 소명을 발견할 수 있습니다.

고요는 정지된 상태가 아닙니다.

관성적으로 사는 삶과는

전혀 다른 방향으로 움직일 수 있는

결정적 순간입니다.

『나를 향해 걷는 열 걸음』

한 사람이나 국가나 '따라하기'만으로는

지속적인 성장을 할 수 없습니다.

생각의 주도권을 발휘해야

한 단계 더 나아갈 수 있습니다.

창의적 기풍으로 우리 삶을 채우는 일은

더 자유롭고 독립적이며 주도적으로 산다는 것입니다.

『탁월한 사유의 시선』

1

행복을 추구하지 말고,

지금 당장 행복할 수밖에 없게 만드는

좋은 습관을 기르는 것이 행복한 삶입니다.

30

경쟁은 사회의 진보를 어렵게 합니다.

경쟁이 치열할수록 정해진 틀은 더욱 고착화되고,

여기서 새로움, 고유함, 선도력은 시도되지 못합니다.

6월

소명
召命

지속하는 태도

31

우리 시대의 새로운 도전은 제도적 차원이 아니라

문화적 차원에서 진정한 독립을 하는 일입니다.

그것은 삶의 독립, 생각의 독립,

과학적이고 철학적 높이의 독립입니다.

31

시선의 높이가 생각의 높이이고,

생각의 높이가 삶의 높이이며,

삶의 높이가 바로 사회나 국가의 높이입니다.

8월

무심
無心

텅 빈 마음으로

30

익숙해진 것과의 결별 없이는

새로운 시선, 높은 시선을 갖기란 어렵습니다.

1

세계를 보고 싶은 대로 보지 말 것.

세계를 봐야 하는 대로 보지 말 것.

오직 텅 빈 마음을 가지고

보이는 대로 볼 것.

29

철학자는 그 누구도 다른 누군가를 닮기 위해

살지 않았습니다.

그들은 모두 자기만의 시선으로

자기처럼 산 사람들입니다.

2

저기 있는 산의 진실은

우리가 정하지 않고

산이 스스로 드러냅니다.

28

지혜로운 사람은 자기 자신을

알려고 하는 마음이 강합니다.

지혜란 흡수한 지식을 자기의 필요에 맞게

재생산하고 재배치하는 일이기 때문입니다.

자기 자신과 삶의 터전에 집중하는 사람은

지식을 지혜로 잘 승화시킬 수 있습니다.

철학은 스스로 하는 것입니다.

기존의 지식과 이론에 근거해서

대답만 하는 것이 아닙니다.

기존의 모든 것들과 결별하고

낯설어지는 실험을 감행하는 것입니다.

인간이 하는 모든 문화적 활동은

생존의 질과 양을 증가시키는 활동입니다.

학문의 목적도 내가 살고 있는 세계

이 삶의 터전을 관찰하는 데

지식을 활용하기 위해서입니다.

생각의 끝에 다가갈수록 남는 것은 '실용'입니다.

7.1

모호함을 명료함으로 바꾸기보다

모호함 자체를 품어버리는 자,

자기 생각을 논쟁하기보다 이야기로 풀어낼 수 있는 자,

남이 정해놓은 것에서 답답함을 느끼는 자,

경계에 서서 불안을 감당할 수 있는 자,

이런 자들이 '나'로 살아가는 사람입니다.

26

철학적 차원에서 사유한다는 것은

전략적 차원에서 움직이는 것으로 비유할 수 있습니다.

한층 더 높은 곳에서 내려다본다는 뜻입니다.

중요한 것은

높은 차원의 '시선'을 가지는 일입니다.

이 세계의 풍경은 하나하나가

해석을 기다리는 문장들이자 음표들입니다.

한 사람이 세상을 해석한 마음속 문장들을

누군가와 나누고 전승시키면서

인류의 문명사는 발전해왔습니다.

25

교육은 자신과 사회를 독립적으로

책임질 인재를 양성하는 일입니다.

'입시 제도'가 아니라 교육 제도를 이용해서

'어떤 사람을 만드는가'가 교육의 과제가 되어야 합니다.

기존의 '나'를 죽여야 새로운 '나'가 드러납니다.

기존의 가치관에 결탁되어 있는 나를 죽임으로써

궁금증과 호기심으로 충만해 통찰력을 발휘할 때

새로운 통찰이 생깁니다.

24

우리는 작은 쓸모에 빠져 큰 쓸모를 놓치곤 합니다.

성적만을 중시하는 교육은

성적 너머 교육의 목적과 본질을 잃어버립니다.

입추

자기 안에 오로지 자기만 남긴 상태를 많은 동양고전에서

'허심虛心', '무심無心'으로 표현합니다.

외부로부터 들어와 자기를 지배하는

기존의 정해진 가치관을 버리고

오직 자기로만 자기를 채우는 것을 뜻합니다.

23

보이지 않는 세계가 보이는 세계를 통제합니다.

높은 시선을 가지면

보이지 않고 만질 수 없는 세계를 다룰 수 있습니다.

어린아이에게 숟가락은 '밥 먹는 도구'만이 아니라

가지고 노는 '장난감'이 되기도 합니다.

어린아이는 일정한 한계에 갇혀 있지 않고

모든 가능성을 향해 열려 있습니다.

4.15

문명의 책임자로서 좋은 물건과 제도를 만들기 위해서는

철학적 사유가 선행되어야 합니다.

제도가 생각을 지배하는 것이 아니라,

생각이 제도를 지배할 수 있는 단계에 올라설 때

만들어내는 결과물이 달라집니다.

우리는 흔히 음식을 다섯 가지 맛으로 구분합니다.

이 세계에 존재하는 무수한 맛과 색과 소리를

우리가 알고 있는 특정한 언어로

온전히 표현하지는 못할 것입니다.

21

구체적으로 눈에 보이고 만질 수 있는 것만

유용하다고 생각한다면, 앞으로 나아가지 못합니다.

지식, 민주, 평화, 행복과 같이 추상적인 것을

중요하고 가치 있는 것으로 받아들여야

더 나은 단계에 이를 수 있습니다.

10

칠석

새 세상을 꿈꾸는 자,

우선 침묵하라.

'고요'를 경험하라.

소만 · 성년의날

철학, 천문학, 수학 같은 것들은 일상과 거리가 있어

보이지만, 사실은 세상을 지배하는 것들입니다.

일상에 필요 없는 것이 인간을

더 높은 경지로 올려주는 것입니다.

쓸모없어 보이는 것에서 쓸모 이상의

가치를 볼 줄 안다면 그는 탁월한 자입니다.

『나를 향해 걷는 열 걸음』

11

진정으로 존재하는 것은

저 멀리 있는 이념이 아니라

바로 나 자신, 바로 여기입니다.

19

어느 사회나 조직이든 그들이 가진

시선의 높이 이상을 할 수 없습니다.

그러나 그 이상을 꿈꾸는 욕망이 있다면

다음으로 한 걸음 나아갈 수 있습니다.

이것은 대답하는 습관을 질문하는 습관으로

바꿀 때 가능합니다.

12

내공보다 빈틈을 허용하는 내공이 훨씬 셉니다.

주면 얻게 되고, 뒤로 물러나면 앞서게 되고,

비우면 채워지는 이치와 비슷합니다.

18

철학은 가장 높은 수준에서 발휘하는 생각입니다.

철학적 시선이란 상상력이나

창의성이 발현되는 높이의 시선,

바로 지성적 시선으로 세계를 볼 때의 높이를 말합니다.

13

'아낀다'는 말에는 '사랑한다'는 의미와

'절약한다'는 의미가 있습니다.

이 말은 하나의 가치에 집착해 자신의 마음을

그쪽으로 과도하게 사용하지 않는다는 의미입니다.

자애롭고 절제된 눈빛으로 자신이나 타인을

대하는 것이 덕을 쌓는 출발점입니다.

17

어떤 문제에 부딪혔을 때,

의견을 청하고 싶은 사람이 있습니다.

인격적으로 성숙한 그에게는

사람을 움직이게 하는 힘이 향기처럼 뿜어져 나와

저절로 따르는 이가 많아집니다.

121

말복

'소유적 태도'란 떠난 버스를 두고

'내가 탈 버스였는데'라고 생각하는 것과 같습니다.

버스는 자신의 시간표에 따라 움직일 뿐입니다.

다가오는 버스를 시간표에 따라 무심히 타는 것이

'무소유의 태도'입니다.

16

결정을 잘 내리는 리더가 있다면,

그는 편견과 신념에서 자유로운 사람일 것입니다.

그 넉넉함이 통찰과 제대로 된 결정으로 무르익습니다.

15

광복절

사실을 자기 생각의 틀에 가두는 것이 '소유'입니다.

사실을 그대로 받아들일 뿐,

거기에 자신의 뜻을 개입시키지 않는다면

집착과 고통에서 멀어집니다.

15

부처님오신날 · 스승의날

우리 삶이 온갖 목표로 가득 채워지면

목적을 잃어버리게 됩니다.

눈앞의 제한된 목표에 갇히게 되면

저 하늘의 '별'과 같은 가치들을 놓치고 맙니다.

16

아주 미세한 일은

아주 큰 일과 서로 맞물려 있습니다.

아무리 작은 일이라도 신중하고 조심스럽게

대해야 하는 까닭입니다.

14

인문학은 지식이 아니라 활동이어야 합니다.

지식이 지혜로, 유연함으로, 행복으로, 창의력으로

넘어가는 힘이 되어야 합니다.

17

작은 것은 큰 것의 기초가 되고

적은 것은 많은 것의 기초가 됩니다.

큰 것과 작은 것은 서로를 향해 열려 있습니다.

13

인간이 책임감을 가지고

주도적으로 생각하기 시작했을 때

철학의 역사는 시작되었습니다.

인간의 역사는 생각하는 능력에서부터 시작됩니다.

18

7.15

과연 어떤 단계에 도달하는 특정한 방향이 있을까요?

공부를 통해서만 경지에 도달하는 것은 아닙니다.

세상 경험 속에서, 일을 통해서

경지에 도달할 수 있습니다.

12

타인의 눈으로 나를 보지 말고

나의 눈으로 나를 볼 때

당당한 나로 살아갈 수 있습니다.

19

'이념'이 아니라 '세계' 자체에 몰두하는 사람은

행동이 가볍지 않고 과감하지 않습니다.

이것은 세계가 관계와 변화 속에 있음을

인지한 사람의 태도입니다.

11

'인간이 그리는 무늬', 인문人文은

인간이 이 세계에서 움직이며 형성하는 결입니다.

미래를 준비하는 사람이라면

이 '인간이 움직이는 동선'을 알아채고 느껴야 합니다.

20

세상을 보이는 대로 보는

연습을 해야 합니다.

인간의 상상력과 자율성을 열어두고

그저 바라보십시오.

10

현실을 한 단계 도약하게 만들려면

우리의 생각이 현실보다 한 단계 더 높은

덕목을 향해 있어야 합니다.

생각의 방향과 높이가 중요한 법입니다.

21

신념이 강해지면 그것으로만 세계를 보게 됩니다.

신념이 강해지면 그것이 기준이 되고

기준이 만들어지면 구분과 배제가 이어집니다.

신념에 스스로를 가두려 할수록 세상이 협소해집니다.

기존의 논리에 익숙한 사람으로

그것을 지키려는 태도만을 유지한다면,

시대의 흐름에 새로 등장하는 조짐이나 신호에

민감하게 반응할 수 없습니다.

처서

세상을 정의 내리려 할수록 생각의 크기는 작아집니다.

정의 내린다는 것은 특정한 범위 안으로

생각을 가둔다는 뜻이기 때문입니다.

세상은 가두어지지 않는 부분이 훨씬 큽니다.

어버이날 4.1

인문적 통찰을 통해 도달할 수 있는

궁극적 지점은

행복입니다.

23

쓸모없는 것이 쓸모 있는 것의 조상이 되기도 합니다.

쓸모 있는 것이 쓸모 있는 것으로 자리 잡기 전에는

쓸모없다는 소리를 듣습니다.

잘나게 보이는 것도 나, 못나게 보이는 것도 나,

그렇게 보이는 것은 완벽함이라는

집단적 기준에 비춰 보기 때문입니다.

있는 그대로 자신을 긍정하고 사랑하세요.

그것이 행복의 시작입니다.

24

고민이 있거나 생각이 풀리지 않을 때

무작정 걸어보십시오.

오랫동안 혼자 걷다 보면 의외로

생각이 정리되는 경험을 합니다.

대체공휴일

지식은 우리를 한곳에 머무르게 하는 것이 아니라

다른 곳으로 날아갈 수 있게 해주어야 합니다.

세계는 명사가 아니라 동사이기 때문입니다.

25

대화는 언어나 개념을 지나치게 믿는 자보다

그것을 덜 믿는 자에게 열려 있습니다.

언어 자체보다는 상대방에게 열려 있는 태도가

우리를 소통에 이르게 하기 때문입니다.

어린이날 · 입하

어린 시절의 행복은 어린아이에게 목적 그 자체입니다.

어린아이는 아직 어른이 덜 된 상태가 아니라

어린아이일 뿐입니다.

어린아이에게 어린아이의 행복을 돌려주어야 합니다.

26

우리가 걸어온 세상이 정해진 목표에 가능한 한

빨리 도달하려 하는 '직선'의 세계였다면,

앞으로 나아갈 세상은

관계성을 소중하게 여기는 '곡선'의 세계입니다.

21

사람은 자신이 가진 생각의 높이 이상을 살 수 없기에,

생각이 중요한 법입니다.

봐야 하는 대로 보면 좁게 볼 수밖에 없습니다.

보이는 대로 보아야

더 넓고 사실대로 볼 수 있습니다.

'인간이 그리는 무늬'를 한자로

'인문人文'이라고 합니다.

눈에 보이지 않는 이것을 읽을 수 있는 능력,

이것 때문에 인간은 특별해질 수 있습니다.

28

정해진 기준대로 들으려 하거나 보려고 하면

세계의 진실에 접근할 수 없습니다.

보되 되도록 수동적으로 보는 자세가

넓은 세상을 만나게 합니다.

주어져 있는 이념이나 신념을 기준으로 산다면

아름다운 일상은 존재할 수 없습니다.

29

세상과 진실한 관계를 맺고 싶다면

아무 정해진 틀 없이 손님의 태도로

세상과 만나보십시오.

근로자의날

인간이 스스로의 힘으로 생각하기 시작할 때,

철학과 인문학이 시작됩니다.

그것은 익숙한 것, 당연한 것, 정해진 것들에

의심을 품어보는 일입니다.

30

말은 마음을 표현하는 역할,

마음을 감추는 역할 둘 다 합니다.

어느 한쪽 면만을 보려 하는 사람은

좁다란 인식으로 반쪽 세상을 보는 것입니다.

5월

시선
視線

생각의 높이

31

정해진 마음 없이 세계를

자세히 보는 태도를 가지십시오.

그래야 스스로를 불행하게 하는 세계에서 벗어나

더 나은 단계로 나아갈 수 있습니다.

30

개인들이 각자의 개성과 자율성을 발휘하는 조직이

개인들의 자발성을 바탕으로

통합을 이루는 강한 조직이 됩니다.

9월

반성
反省

문제를 다루는 자세

29

인간은 '없는 것', '안 보이는 것'을 다룰 줄 알아야 합니다.

새로움이나 창의, 창조 모두

아직 없는 것이나 안 보이는 것이 현실화된 것입니다.

1

부끄러움을 아는 자는

반성을 합니다.

반성을 통해

더 나은 사람이 될 수 있습니다.

28

인간은 '연결'과 '은유'를 통해서

자신의 세계를 확장할 수 있습니다.

확장을 꿈꾸는 일은 '상상'이고,

확장이 전개되는 일은 '창의'이며,

확장의 결과는 '창조'입니다.

2

반성은

삶을 전혀 다르게 만듭니다.

스티브 잡스는 '창의성은 연결이다'라고 했습니다.

이질적인 것들 사이에서

유사성을 발견할 줄 아는 능력은

인간이 지닌 가장 탁월한 능력입니다.

8.1

나라나 기업이나 망할 줄 모르다가

졸지에 망한 경우는 거의 없습니다.

망해가는 줄 알고,

심지어는 망해가는 것을 보면서 망해갑니다.

사실 앞에서 보지 않고 듣지 않는 것은 비극입니다.

26

'창의'란 익숙함이 부과하는 무게를 이겨내고

모르는 곳으로 과감하게

넘어가는 일입니다.

21

사람은 대개 스스로 무너집니다.

고치지 못하는 나쁜 습관, 절제하지 않은 욕망,

갇힌 사고, 시대의 흐름을 외면하는 오만함,

같은 방법만 고집하는 꽉 막힘, 불친절함, 질투,

혼자만의 선의지, 호기심 소멸 때문에

스스로 실패를 자초합니다.

『최진석의 대한민국 읽기』

25

세상 사람들이 모두 아름답다고 하는 것을

아름답다고 여기면 그것은 추한 것입니다.

아름다움을 스스로 창조하는 사람이

아름다운 것입니다.

쓰러져가는 회사는 흐름에 맞춰 변하지 못해서입니다.

시대의식을 포착해 그 시대에 맞는

적절한 어젠다를 세우지 못해서입니다.

자기 프레임에만 갇혀 새 비전을 만드는 변화를

감행하지 못하면 어느 순간 무너져버립니다.

24

문학은 진실을 전혀 다른 것에 빗대어 표현합니다.

우리는 이러한 은유를 통해

습관적 언어에 갇혀 보지 못한

진실을 더 넓고 깊게, 생생하게 접촉할 수 있습니다.

문제 없는 커플도, 문제 없는 국가도 없습니다.

문제 있는 것이 문제가 아니라,

문제를 미래적으로 풀지 못하는 것이 문제입니다.

중요한 것은 문제를 다루는 능력입니다.

3.15

좋은 글을 쓰고 싶다면

쓰고 싶은 글과 꼭 닮은 사람이 되는 것이 우선입니다.

어떤 삶을 사느냐가 어떤 글이 나올지를 결정합니다.

백로

모든 발전은 문제를 해결해가는 노력의 결과입니다.

문제를 다루는 능력을 발휘하면 얼마든지

전화위복의 계기로 삼을 수 있습니다.

22

홀로 자신을 성찰하는 고독의 시간이

동반되지 않은 교육은 성공하기 힘듭니다.

자유, 윤리, 창의, 용기 등은 고독한 상태에서

스스로 존재론적 질문을 던져본 사람에게 찾아옵니다.

살아 있는 한 불안은 항상 제기됩니다.

불안과 싸우면서 자기 삶의 높이를

한 단계 한 단계 높여가는 것이

인간의 숙명입니다.

21

상상력이나 창의성은

자기를 지배하던 이념이나 지식의 굴레를 벗고

자기 스스로 우뚝 섰을 때 움트는 것입니다.

성공한 사람의 가장 큰 적은

성공해본 기억일 때가 많습니다.

한 번 더 성취를 이루고 싶다면

성공의 기억에서 벗어나야 합니다.

20

이미 자기 안에 자리 잡고 주인 행세를 하는

이념이나 신념이나 가치관은

'내 것'이 아니라 '우리의 것'입니다.

10

어느 조직에 비평가와 분석가가 많아진다면

그것은 좋지 않은 조짐입니다.

구성원들이 참여자나 행위자, 책임자로 존재하지 않고

제3자나 구경꾼으로 존재하려 하기 때문입니다.

비평이나 분석에 빠지는 제3자적 태도만으로는

주인으로서의 삶을 사는 데에 취약하게 됩니다.

『탁월한 사유의 시선』   254/112

19

곡우

이제, '개념'이 아니라 '개념화'입니다.

창의적인 활동은 '개념'을 받아들이는 일이 아니라,

자신의 문자와 언어로 개념을 제조하는

'개념화' 능력에서 나옵니다.

11

자기에게 익숙하지 않은 것에 대한 적대감을 버리고,

자신이 가지고 있는 이론 체계만을 진리로 믿는

오만을 버린다면, 공존의 가능성을 열 수 있습니다.

18

쓸모나 필요에 부응하면, 기준에 따르게 되면서

더 큰 확장이나 더 큰 열림을 기대하기 어렵습니다.

아무 소용 없는 상태로 돌아가

불필요나 쓸모없음에 자신을 맡겨야

새로운 기준을 창조할 수 있습니다.

12

생각하는 능력이 있으면

잘못한 후에

그 잘못이 반복되지 않도록

마음을 써서 반성합니다.

17

생각하는 사람은 새로운 것을 만들어내는 자입니다.

그렇지 않은 사람은 누군가가 만든 것을 빌려다 씁니다.

생각의 주인이 되어야

창의적이고 선도적인 일을 잘할 수 있습니다.

13

사회재난은 눈에 보이지 않는

미래에 대한 준비와 훈련이 부족한

그 사회의 슬픈 자화상을 보여줍니다.

16

창의적 인재란 자유롭고 독립적 주체입니다.

'우리' 가운데 한 명으로 사는 게 아니라

온전한 '나'로 살아가는, 용기 있는 사람입니다.

121

눈에 보이고 만져지는 것에만 익숙한 사람들에게는

아직 드러나지 않은 것을 보고

미리 대비하는 대응력이 떨어집니다.

우리 사회에 후진국형 재난이 사라지지 않는 까닭은

질문하는 사람이 적다는 것도 한몫합니다.

15

무엇인가를 강렬하게 원하는 사람은 예민해집니다.

불편함을 느끼는 자는 해결해야 할 문제를 발견하고

변화를 갈망합니다.

점점 생각하는 사람이 되어갑니다.

15

비판과 비난만이 풍성한 사회에서는

성숙한 자발성과 책임성이 빈약해집니다.

내가 문제 해결을 해보겠다는

자발적인 행동도 기대하기 어렵습니다.

14

세상에 만들어진

모든 물건, 제도, 생각은

'불편함'을 느끼는 것에서

시작되었습니다.

16

자기 확신에 빠지면

점검 능력과 반성 능력이 현저히 떨어집니다.

반성하고 점검하는 능력이 있어야

실수를 하더라도 반복하지 않고,

되도록 빨리 교정합니다.

13

모든 창의적인 활동은 아직 가보지 않고

해석되지 않은 곳으로 넘어가는 무모한 행동입니다.

눈에 보이고 만져지는 안정적인 세계에서 벗어나

그 너머를 꿈꿀 때 새로운 세계가 열립니다.

추석 8.15

우리 눈에 지구는 평평하기만 합니다.

가만히 생각하고 자세히 따져봐야 둥급니다.

지적知的이라는 것은 지식의 양을 말하는 것이 아니라,

가만히 생각하고 자세히 따져볼 줄 아는 것입니다.

12

구성원들이 자기만의 고유함을

드러낼 수 있는 조직이나 사회가

건강합니다.

18

미래는 반성과 점검 과정을 통해 열립니다.

점검을 거치지 않은 자기 확신에 빠진 사람은

과거에 묶이고, 세상을 보고 싶은 대로 보고

봐야 하는 대로 봅니다.

11

창의적인 삶은

자기만의 세계로 뚜벅뚜벅 걸어갈 때에

가능합니다.

19

위기 앞에서 안일한 태도를 유지한다면

평화로부터 멀어집니다.

그것은 질문하지 않고 대답만 하는

습관의 결과입니다.

10

22대 국회의원 선거

하나의 기준만을 가진 사회는

삭막하고 답답하고 폭력적인 사회입니다.

창의적이고 상상력이 풍부한 사회로 진입하려면

'바람직함', '해야 함', '좋음'과 같은

정해진 기준에서 벗어나

자기가 바라는 내적 의지, 즉 욕망에서 출발해야 합니다.

『인간이 그리는 무늬』

20

굳어져가는 나의 반짝거림을 잃지 않기 위해

필요한 중간고리가 '반성'입니다.

어떤 가치도 지속적인 반성이 따르지 않으면

그 가치가 퇴색되어버립니다.

3.1

감동의 출발은 자기 자신입니다.

자신이 무엇을 원하는지 스스로에게 묻고

조곤조곤 설명할 수 있는 사람은

삶의 만족도가 높습니다.

감동은 삶의 질을 올리는 중요한 요소입니다.

21

지혜가 좁고 작은 사람은

어떠한 사상이 자신의 모든 문제를

해결해줄 것인 양 생각합니다.

내가 발견한 문제를 해결할 사람은 나 자신입니다.

이야기는 같은 이야기라 해도

화자에 따라 내용이 조금씩 달라집니다.

이야기의 변주에는 한계가 없습니다.

이야기의 변주를 따라 우리가 사는 세상은

더 많은 모양과 색깔을 갖게 됩니다.

추분

책 속에는 길이 없습니다.

책을 쓴 작가의 길이 있을 뿐입니다.

자신의 길은 오직 자기 자신에게만 있습니다.

이야기하는 인간은 황당무계함을 잃지 않은 사람입니다.

황당무계한 삶을 이야기하고 그런 세상을 꿈꿀 때

삶도 그 안에서 확장됩니다.

인간은 기꺼이 황당무계해야 합니다.

23

책을 읽을 때 자신의 자리를

비워두는 독서를 해야 합니다.

책을 쓴 사람이 아니라

책을 읽는 자신의 생각, 욕구, 표현을 지키면서

하는 독서가 강력한 독서입니다.

6

창의력은 발휘하는 것이 아니라 튀어나오는 것입니다.

자신에게 등장한 질문을 오래 파고들다가

어느 순간 갑자기 펼쳐지는 것입니다.

창의는 대답의 결과가 아니라

깊고 긴 질문의 결과들입니다.

2/21

더 나은 내일을 원하거든 반드시 공부해야 합니다.

배우는 것은 지적 활동입니다.

미래는 지적 태도를 가진 사람이 엽니다.

식목일·한식

창의력은 기능적으로 길러지는 것이 아니라

이 세계에 대해 스스로 궁금해하는 태도에서 나옵니다.

환란을 겪은 후 환란에 대해

어떤 마음을 가지는가가 중요한 법입니다.

___

___

___

___

청명

자유롭고, 독립적이고, 주체적이고,

창의적인 존재가 되고 싶다면

'생각'하는 것에서 시작하십시오.

26

어떤 사람은 상처를 입고도 화를 낼 줄 모릅니다.

또는 화를 낼 줄만 알지 그 화를 되갚아주거나

다시 그 화를 입지 않도록 대비하지 않습니다.

잘못된 일을 경계해서 다시 그 일이 일어나지 않게 하는

징비懲毖의 자세를 견지해야 합니다.

길을 찾지 말고 길을 잃어라.

이정표 하나 없는 공터에서 요동치고 떨려보라.

공터에서는 누구나 들락거릴 수 있고,

도란도란 대화가 열립니다.

규제도 길도 없는 그곳에서

당신은 길을 내려는 자신을 만나게 될 것입니다.

평화를 이루려면 외부의 침략에 대항할

힘을 갖춰야 합니다.

긴장 속에서 위기를 대비하는 것입니다.

인류 역사상 평화주의만으로

평화를 지킨 예는 없습니다.

여백과 틈 속에서 우리는 더 많은 것을 발견합니다.

모든 것이 설명된 글보다 많은 것이

설명되지 않은 글 속에서

느끼는 감동이 크듯이,

채우는 것보다 버리는 것이 때로 더 힘이 셉니다.

28

평화를 지키려면 자기 바깥 세계를

객관적으로 이해하고

긴장을 놓지 않은 채 부지런히 생각해야 합니다.

그래야 위기에 적절히 대비할 수 있습니다.

1

아이들은 세계에 대한 창의적 활동에

직접 참여하려고 합니다.

놀이가 그 예입니다.

어린이에게 놀이는 스스로 낯선 세계에 참여해

자신을 확인하거나 확장하는 한 방식입니다.

『탁월한 사유의 시선』

29

질문이 없고 대답에 빠져 있다면

재난을 예측하고 대비할 수 없습니다.

전쟁이나 환란과 같은 재난의 조짐을 미리 읽고,

그에 대비한다면 재난을 무사히 이겨낼 수 있습니다.

4월

창의
創意

호기심이라는 동력

30

생각하는 능력이 사라지고 진영의 좁은 시각에 갇혀

스스로 힘을 기르려는 노력을 게을리한다면,

위기는 반복될 수 있습니다.

31

자기를 사랑하는 사람,

자기에게 집중하는 사람이

진정 힘 있는 자입니다.

10월

책임
責任

시대에 대한 성실성

30

비교는 오직 자신 자신과 하십시오.

남과 비교하면서 남을 부러워하는 것도,

남을 업신여기는 것도 모두 자기를 망가뜨립니다.

1

국군의날

앓이 늘어갈수록 내 자유가

공동체의 자유와 깊게 연결되어 있다는 것을

알게 됩니다.

지적인 편안함에 빠져들면 들수록

인간은 급격히 늙어갑니다.

반면 궁금증과 호기심이 살아 있다면,

그는 결코 늙은 사람이 아닙니다.

水 ── 10월 ── 責任

인격人格의 근본적인 속성은

무엇인가를 궁금해한다는 것입니다.

궁금해해야 대화와 협치가 이루어집니다.

무엇인가를 궁금해하는 사람은 인격적으로 성숙합니다.

28

철학은 명사가 아니라 동사입니다.

생각의 결과를 숙지하는 것이 아니라,

자신이 스스로 철학하는 것입니다.

개천절 9.1

세상이 아파하는 병,

시대의 문제를 같이 아파하는 사람,

정답을 수행하는 사람이 아니라

문제가 있는 곳에 처하는 사람이 지식인입니다.

지식인은 기본적으로 윤리적입니다.

27

'경이'는 낯섦, 이상함, 생경함, 적대적 감정, 불편함을

외면하는 사람에게는 찾아오지 않습니다.

'철학'은 낯선 풍경을 대면할 수 있는

심리적 준비가 되어 있는 자에게 등장합니다.

21

시민이 역사의 책임자로

참여하는 제도가 민주주의입니다.

시민 한 명 한 명이 모여서

공동체를 작동시키는 제도가 민주주의입니다.

26

시인은 '보는 사람'입니다.

이전에 존재해본 적 없는 진실을

우리 앞에 데리고 와서 선물하는 사람입니다.

각성되지 않은 정의감은

각성된 불의보다 잔인합니다.

각성되지 않은 사명감은

각성된 게으름보다 무모합니다.

25

시인은 익숙한 대상을

낯설게 바라볼 줄 아는 사람입니다.

익숙한 대상과 형성되는 새로운 관계를

절제된 언어로 정련하면

그것은 '시'가 됩니다.

6

성숙한 사회가 되려면 돈이 자본으로,

부자가 자본가로, 백성이 시민으로 바뀌어야 합니다.

그것은 사적인 범위 안에 갇혀 있는 시선을 깨고 나와

역사적으로나 공적으로나

책임성을 발휘한다는 뜻입니다.

2.15

예술가는 이론으로서가 아니라 예민한 감각으로

인간이 나아가는 길을 먼저 보는 사람입니다.

예술의 정신은 '먼저 보는 일'에 있습니다.

먼저 보는 일은 익숙한 자신에 대한

저항에서 출발합니다.

자기 안의 감옥에 갇히면 벽에 의해

타자와 단절됩니다.

이 벽을 허무는 가장 큰 힘이 '공감'입니다.

공감하지 못한다는 것은 인간으로서의 성실성을

지니고 있지 않다는 말입니다.

23

철학적으로 세상을 본다는 것은

시인의 눈으로, 연인의 눈으로,

혹은 광인의 눈으로 본다는 것입니다.

이들은 되도록 편견 없이, 학습 없이, 관습 없이

세상의 진면목에 접근하려고 노력하는 사람들입니다.

한로

사회는 모든 것이 약속입니다.

말도 정치도 다 약속입니다.

구성원들 간의 신뢰가 그 사회의 핵심입니다.

사회가 정해놓은 보편적 이념의 틀을 벗고

우뚝 선 자아만이

아무 편견 없이 제대로 볼 수 있습니다.

9

한글날

정치와 교육은 사회와 국가를 움직이는

두 톱니바퀴입니다.

교육은 고도의 정치이고,

정치는 지금 우리의 문제를 해결할 수 있는

유일한 방식입니다.

21

삶은 내가 사는 것입니다.

삶의 동력은 자기 자신만의

고유한 욕망에서 힘을 받습니다.

해야 한다는 의무감보다는

자기가 바라는 일에서 시작해야 잘할 수 있습니다.

10

자기가 한 말을 지키지 않으면

신뢰가 무너지고,

신뢰가 무너지면

이 사회가 똑바로 서지 못합니다.

춘분

자기 안에서 자발적으로 등장하는

궁금증과 호기심을 따라서 하는 배움이

스스로를 살립니다.

11

인간을 인간으로 지탱해주는 가장 원초적인 힘 중 하나가

염치를 아는 것입니다.

자기가 한 말은 지키겠다는 최소한의 염치만 있어도

최소한의 인간다움을 잃지 않을 것입니다.

19

한 번도 경험하지 못한 것이기에 해석할 수 없고,

이해할 수 없어서 설명할 수도 없는 것,

영감靈感은 기존의 틀로는 해석이 안 되는

'어떤' 느낌으로 다가옵니다.

12

말름을 무너뜨리는 자들에게서는

염치와 수치심이 없습니다.

염치가 없으면 특권도 만들 수 있습니다.

염치가 없으면 남을 속이고 거짓말을 합니다.

18

스스로의 생각과 관찰하는 능력으로

세계를 바라본다면

철학적으로 사는 것입니다.

13

거짓말을 하는 사람은 속이는 자입니다.

속이는 인격으로는

정의, 공정, 절제 같은 미덕이 이루어질 수 없습니다.

17

철학자, 시인, 예술가, 과학자의 다른 이름은

'예민한 관찰자'입니다.

그 힘은 일상의 속박으로부터 한발 물러나

시대를 자세히 관찰하는 예민함에서 나옵니다.

124

넓고 큰 시야를 가지고 먼저 발을 내디딜 것인가,

아니면 비판과 평가를 일삼으며 구경만 할 것인가.

뜻이 있다면 보라, 그리고 활짝 열린 마음을 품고

두려운 첫발을 내딛자.

16

떠나는 것이 다 여행은 아닙니다.

여행 중에 자기가 자신에게

낯설어지거나 객관화되는 순간을 경험해야

진짜 여행을 한 것입니다.

15

정치는 정책의 수립과 그 집행 능력에서 나옵니다.

심리적 기대나 선동에 의해서 이뤄지지 않고

정책을 통해서 이뤄진다는 것입니다.

정책은 시대의식을 반영하여

새롭고 도전적이며 실효적이어야 합니다.

15

이따금 스스로를 익숙하지 않은 곳에 데려다놓으십시오.

생경함 속에서 드러나지 않은

자기 자신을 만나게 될 것입니다.

여행, 책 읽기, 글쓰기, 운동하기 등이

자기를 발견하는 방법입니다.

16

인간은 생각하는 대로 삽니다.

공동체의 모습도 생각하고 뜻하는 바대로 만듭니다.

그렇기 때문에 생각의 수준을 높이는 일이

나와 공동체의 삶을 위하는 길이 됩니다.

14

책을 소리 내서 읽는 낭송을 하면

읽은 내용이 육체적인 감각을 건드려

내면화하게 됩니다.

체득되지 않은 지식은

잠시 머물다 사라지고 말 뿐입니다.

9.15

윤리적 삶은 나로부터 나옵니다.

내 삶의 원동력은 내가 작동시킵니다.

나는 내 윤리적 행위의 고유한 입법자입니다.

나는 일반명사가 아닌 고유명사로 살다 갈 것입니다.

내가 이 세상에서 가장 가치 있는 유일한 존재입니다.

13

운동은 자기를 만나는 좋은 방법 중 하나입니다.

자기 땀 냄새를 맡을 때, 숨이 거칠어질 때

살아 있음을 확인할 수 있습니다.

숱한 깔딱고개들 위에서 자기를 만나야 해요.

18

우리에게는 정치 공학을 넘어선 정치가 필요합니다.

어떤 정치인이 이미 정해진 이념을

집행하려는 사명감만 강하고,

정해진 이념의 답답함을 넘어서서

새로운 높이나 넓이로 확장하는 상상력이 부족하다면

큰 정치인이라 할 수 없습니다.

12

자기를 대면할 수 있는 기회가

점점 사라져가고 있다면,

글을 쓰십시오.

인간은 글을 쓸 때 자기 자신을 만납니다.

19

고독과 외로움을 두려워하는 자는

훌륭한 리더나 훌륭한 정치인이 되기 어렵습니다.

자신이 속한 진영의 울타리를 넘어서

고독과 외로움을 자초하는 과정에서

존경받는 리더가 만들어집니다.

11

대답하는 훈련만 하면 세계를 자세히 보는

능력을 기르지 못합니다.

보이는 그대로 세계를 보지 못하고,

보고 싶은 대로 보거나 봐야 하는 대로만 봅니다.

20

어떤 사태를 담담히 무심한 태도로

그 사태 자체로 받아들여야 할 때가 있습니다.

자신의 감정, 선입견, 가치관을 끌어와

자기 방식대로 해석하면

진실을 보지 못할 수 있습니다.

10

2.1

인간은 세계를 소유하는 존재가 아니라

어루만지는 존재입니다.

이 세계를 자세히 들여다보고,

곰곰이 생각하고 스스로 인식하는 일이

세계를 어루만지는 일의 출발입니다.

21

대중이 깨어 있으면 그들의 지도자, 대표, 대리인의

말과 행동을 주의 깊게 봅니다.

반면 무지한 대중은 관심을 두지 않습니다.

어떤 대상을 바라보는 일에는 거리 두기가 필요합니다.

객관적 태도가 무너지면 그 대상을

소유하려는 욕구가 생기기 때문입니다.

정성껏 바라보는 일만으로도

우리는 세상을 사랑할 수 있습니다.

22

시민적 책임성을 가진 사람은 제3자적 입장에서

비판만 일삼지 않고, 직접 행위자로 등장하려 애씁니다.

남의 탓이 아니라 자신의 책임성으로

자각하는 것이 시민적 교양의 출발입니다.

궁금증과 호기심이

곧 자기 자신입니다.

23

상강

우리는 자기 자신과 자기가 속한 공동체에

화를 낼 수 있어야 합니다. 내 모습이 자기가 원하던

모습이 아니면 자기에게 화를 낼 줄 알아야 합니다.

우리는 상처가 생기면 아파하고

그 아픔에 화를 내기도 합니다.

이것은 나를 지키기 위한 마땅한 분노입니다.

『나를 향해 걷는 열 걸음』

감각적인 삶에만 익숙해져 있으면

자신이 접촉하는 세계가 작아집니다.

세계를 만난다는 것은 감각뿐만 아니라

사유까지 모두 동원해 한 사람이 인식할 수 있는

세계의 크기를 넓혀가는 일입니다.

24

스스로 생각하지 않으면 남의 생각에 지배당합니다.

자유롭고 싶은가? 생각하라.

민주적으로 살고 싶은가? 생각하라.

풍요로운 삶을 살고 싶은가? 생각하라.

생각은 우리가 아니라 내가 하는 것입니다.

감동感動은 머리나 가슴

어느 한 부분이 하는 일이 아니라,

자기心 전체咸가 움직이는動 일입니다.

25

잘못된 정치의 문제는 사람들이

진영에 갇힌 사고를 한다는 것입니다.

네 편 내 편을 가를 줄만 아는 것은

아주 과거적인 정치입니다.

생각하는 능력이 없기 때문에

잘못된 정치에 갇히는 것입니다.

경칩

이 세계 가운데 가장 격렬하게 바라보고

어루만져야 하는 대상은 자기 자신입니다.

우리가 자기 자신을 알아가고, 설명할 수 있을 때

자기 자신을 사랑하고 있음을 알게 됩니다.

26

굳건한 우리를 만든 다음 끼리끼리

공유하는 믿음에 기대어 살아가는 이들의 세계는

아주 협소해지고 부패하기 쉽습니다.

그러나 양심에 기대어 부단히 다음을 도모하는

여행자의 마음으로 산다면

다른 세상을 마주할 수 있습니다.

21

철학은 '용기'의 문제이기도 합니다.

익숙했던 것을 낯설게 하고 마주하는 '불편'을 이겨내야

비로소 인문적 통찰에 들어설 수 있습니다.

27

국민은 자신들이 사는 터전에 균열의 위험이 감지되면

경고의 호루라기를 불어줍니다.

그것이 '반대의 소리'입니다.

시위입니다.

바로 표현의 자유인 것입니다.

나 자신을 마치 제3자가 보듯이 내려다보십시오.

익숙한 자신으로부터 벗어나

객관적인 시선으로 자신의 삶을

관찰할 때 세계의 진실을 포착할 수 있습니다.

28

마음에 드는 소리만 듣고,

마음에 들지 않는 소리는 듣지 않는다는 것은

자신들을 좋아하는 사람들하고만 살겠다는 뜻입니다.

정치인이라면 잘 들어야 합니다.

경청해야 합니다.

철학은 세계를 낯설게 바라볼 때 시작됩니다.

차창 밖의 가로수처럼 이 세계를 그냥 지나치고 있다면,

익숙함 속에서 아무것도 보고 있지 않은 것입니다.

29

비판하는 소리가 비난으로 들리고

듣기 싫어지기까지 하면,

깨달아야 합니다.

자신이 무너지고 있음을.

삼일절

철학은 '경이'에서 시작됩니다.

익숙한 풍경 사이에서

낯설고 어색한 '신호'를 과감하게 받아들일 때

깜짝 놀라는 그 순간, 철학이 시작됩니다.

30

'지적'이라는 것은 감각과 감성과

맹목적인 믿음에 빠지지 않고

곰곰이 생각할 수 있는 능력입니다.

지적인 시민이라면 정치인에 대하여

맹목적이고 감성적인 숭배 대신

지적 반성력을 근거로 판단할 줄 알아야 합니다.

『최진석의 대한민국 읽기』

3월

관찰
觀察

경이를 알아보는 순간

31

정치는 정책으로 실현됩니다.

본질적 가치나 사상의 추구, 꿈을 꾸는 일을

중요하게 다룰 줄 알아야 합니다.

정치가 정치다울 수 있으려면

정치의 본질인 정책으로 말해야 합니다.

짧은 인생을 살아가며 버려서는 안 되는 두 가지,

자기 자신에 대한 무한 신뢰!

자기 자신에 대한 무한 사랑!

11월

경계
境界

인간은 건너가는 존재

28

내가 나를 향해 걸어야 하는 이유,

내가 나를 믿어야 하는 이유,

내가 나를 사랑해야 하는 이유,

내가 나를 궁금해해야 하는 이유,

그것은 바로 내 삶의 주인으로 살아가기 위해서입니다.

1

10.1

아직 없는 것을 꿈꾸고

알려지지 않은 곳으로 건너가는 일은

모두 황당한 일입니다.

당신만의 황당무계함은 무엇입니까?

철학하는 일이란 남이 이미 읽어낸 세계의

내용을 습득하는 것이 아니라

스스로 읽을 줄 아는 힘을 갖는 일입니다.

심리적으로 편안한 것이

인간적으로 행복한 것은 아닙니다.

지적인 삶에는 항상 수고와 불편이 들어가지만,

우리는 계속 생각하기를 멈추지 말아야 합니다.

인간은 인간적인 삶을 꿈꾸는 존재이기 때문입니다.

26

교육의 핵심은

자신 자신이 '별'이라는 것을 알게 해주고,

자기에게만 있는 고유한 별을 찾게 해주는 것입니다.

3

곰곰이 생각한다는 것은

나와 세계를 궁금해하는 지적 활동입니다.

그것은 다음을 향해 건너가는 삶으로 이어집니다.

25

"자기가 하기 싫은 것은 남에게도 시키지 말라."

인격을 완성하는 최고의 방법으로 공자가 전한 말입니다.

이 말을 듣는 것과 이 말을 듣고 나서

그런 사람이 되는 것은 다른 차원입니다.

문제는 배우고 알게 된 것을 구체적인 생활로까지

끌고 나가는 데에 있습니다.

『노자와 장자에 기대어』　　　　　56/310

21

인간은 경계에 존재합니다.

배움과 가르침, 배움과 표현,

읽기와 쓰기, 듣기와 말하기 사이에 존재합니다.

지적인 부지런함을 발휘해

두 세계를 넘나들 줄 알아야 지혜로운 사람입니다.

정월대보름 1.15

무슨 일을 하든 '자기'가 중심이 되어서 움직여야 합니다.

공부를 해도 자신의 욕망을 따라서

자발성으로 비롯된 공부가

행복과 열정과 창의적 결과로 이어질 것입니다.

나는 경계에 있을 때만 오롯이 '나'입니다.

경계에 서지 않는 한, 한쪽의 수호자일 뿐입니다.

경계에 서야 비로소 변화와 함께할 수 있습니다.

23

부모가 자녀를 교육의 대상으로만 여기지 않고

자세히 살피고 어루만지는 사랑을 하면

자녀는 스스로를 믿는 사람으로 성장합니다.

스스로를 믿는 사람은 건너갈 수 있습니다.

독립적이고 창의적이고 자유로운 사람은

자신을 믿는 자입니다.

6

이념은 정지해 있지만 일상은 운동하고 있습니다.

우리가 사는 세상은 단 1초도 정지해 있지 않고

끊임없이 움직이고 있습니다.

삶 속의 모든 활동은 운동하고 있습니다.

알고 싶어 하는 마음이

우리를 지적이고 자유로운 인간,

행복한 인간으로 성장시킵니다.

교육이란 무엇을 알려주는 것이 아니라

알고 싶어 하는 마음을 일깨우는 것입니다.

입동

세계는 변합니다.

모든 변화는 갈등의 흐름입니다.

이 자리에 있던 것이 저 자리로 가는 것,

이것이 저것으로 달라지는 일을

우리는 변화라고 합니다.

21

강한 자의 눈빛은 쓸쓸합니다.

쓸쓸한 눈빛은 고독에서 나옵니다.

봄은 꽃을 피워놓고 그 꽃을 영원히

간직하려 하지 않습니다.

여름으로 옮겨간 자연이 그 꽃을 곡식으로 익게 하고,

미련 없이 가을로 향하는 길을 떠납니다.

20

고독과 외로움은 다릅니다.

외로움이 다른 무엇이 없어서 생기는 약한 마음이라면,

고독은 자기 안에 머무르며 질문하는 강한 마음입니다.

확실한 자신의 영역을 확보하며

확장하는 것만이 성공하는 삶일까요?

성공 뒤에 자신의 자리를 뒤로하고

표표히 사라지는 인간의 뒷모습을

사람들은 오래도록 기억하는 법입니다.

19

우수

자기 자신으로 사는 방법은 복잡하지 않습니다.

반드시 따라야 하는 체계로부터 이탈하는 길뿐.

정해진 체계에서 이탈하여 자기 자신 속으로

들어가보는 일이 자신만의 고유한 삶의 풍경을

채워줄 것입니다.

10

세상은 변하는 것이고, 이념은 변하지 않습니다.

세상은 동사이고, 이념은 명사입니다.

모든 깨달음의 핵심은

명사로 굳어 있는 자신을

동사적 상태로 되돌리는 일과 같습니다.

18

홀로 있는 시간을 아무런 마음의 동요 없이

보낼 수 있는 사람은

독립적 자아가 준비된 사람입니다.

11

제대로 살고 싶거나, 좀 더 나은 사람이 되고 싶다면

두 가지 문장을 뼛속 깊이 새기십시오.

'이 세계는 항상 변화한다.'

'우리는 금방 죽는다.'

이 두 가지를 철저하게 인식하면 기품 없는 삶을

살지는 않을 것입니다.

17

작은 실패들을 겪으며

스스로 새로운 기준을 만들면서 성장한 사람의

내면은 건강할 수밖에 없습니다.

12

세계는 유有와 무無가 분명한 경계 없이

서로 의존해 있습니다.

두 경계를 함께 포용하는 관용적인 사람에게

세계가 그 자체로 다가옵니다.

16

바람직한 것을 모두 똑같이 수행하는 사회보다

각자 바라는 바를 다양하게 수행하는

사람들이 모인 사회가 더 강합니다.

13

유有와 무無, 해와 달이 상호의존하여

세계가 존재합니다.

세계는 대립면을 받아들이고

서로 여백을 나누며 틈을 허용하는 것입니다.

15

공부는 내가 나를 표현하는 수단,

내가 행복한 삶을 누리기 위한 수단임을

잊지 말아야 합니다.

121

내공은 대립면의 긴장을 품고 있을 때 나옵니다.

그것은 자신이 진실이라고 믿는 것이

진실이 아닐 수도 있다고 여기는

'확신하지 않는 힘'으로부터 발휘됩니다.

121

욕망은 자기 내면에서 비밀스럽게 느껴지는 생명력,

다른 사람과 공유할 수 없는 자기만의 고유한 힘입니다.

욕망에 집중할 때

철저하게 자기 자신이 될 수 있습니다.

10.15

자기가 옳다는 확신을 가진 사람은

편 가르기를 쉽게 합니다.

반면 하나의 의미에 갇히지 않고

경계에 있는 사람은 신중합니다.

어떤 '다름'을 가지고 사람을 평가하지 않습니다.

13

'나'를 집단 속에 파묻은 사람은

자신의 진짜 마음을 모릅니다.

홀로 있는 시간을 견디며 자신을 응시해본 사람은

집단 속에서 사라지고 있는 고유한 자기를

구하고 있는 것입니다.

16

살아 있는 나무는 바람에 흔들립니다.

죽은 나무는 흔들리지 않습니다.

살아 있어야 흔들리고,

살아 있는 것이어야 부드럽습니다.

대체공휴일

스스로 생각하지 못하고

다른 사람이 생각한 결과로만 자기 삶을 채우면

다른 사람의 생각을 대신해주는 삶밖에 살 수 없습니다.

17

경계에 서 있으면 불안합니다.

불안이 사람을 고도로 예민하게 유지해주고,

그 예민성이 세계의 흐름을 감지할 수 있게 해줍니다.

이 감지능력을 우리는 흔히 '통찰'이라 부릅니다.

11

때로 생각이 너무 많아 아무것도 못 하는

'방황'의 시기를 건너야 할 때가 있습니다.

이러한 시간을 거치며

우리는 스스로를 단련하고 객관적으로 볼 수 있습니다.

18

'통찰'은 세계의 흐름을 단순히

이성적인 계산능력으로만 아니라

감성, 경험, 욕망, 희망 등 모든 인격적 동인들을

일순간에 발동시키는 능력입니다.

생과 사의 경계에서 오는 고도의 불안을 감당하며

키워낸 예민함만이 이것을 가능하게 합니다.

10

설날 1.1

삶의 주인이 되어 자기 스스로 삶을 끌고 가는

사람에게는 카리스마가 생기고

향기가 나게 마련입니다.

19

알고 있는 것이나 익숙한 것을 넘어선

'다음'을 말할 수 있는 것이

'지혜'입니다.

"멋대로 하라. 그러면 안 되는 일이 없다無爲而無不爲."

노자의 이 말처럼

멋대로 해야 제대로 되고, 잘할 수 있습니다.

20

지혜로운 자는 어디에 마음을 두거나 멈추지 않습니다.

정해진 마음을 가지면 곰곰이 생각하는 능력이

점점 사라지기 때문입니다.

지혜란 다른 말로 하면 '멈추지 않기'입니다.

'우리'라는 것은 '나'들의 총합일 뿐입니다.

'나'들이 합해져서 '우리'가 되었습니다.

언제나 '우리'보다는 '나'의 존재성이 먼저입니다.

21

'확고한 마음'을 덜수록

세계를 수용하는 능력이 커집니다.

자신을 아끼는 자는 비난도 칭찬도 경계합니다.

타인의 평가에 맞추려 하다 보면

정작 자기 자신을 잃기 때문입니다.

소설

경계에 선 사람은 유연합니다.

살아서 운동하기 때문입니다.

사물死物은 굳어 있지만

생물生物은 유연한 것이 이치입니다.

아무리 훌륭한 멘토도 당신의 욕망을 자극해주는

보조 역할을 할 뿐입니다.

진짜 멘토는 내 안에 있는 나입니다.

23

꿈은 불가능해 보일 때 꿈입니다.

가능해 보이는 것은 꿈이 아니라,

그냥 괜찮은 계획일 뿐입니다.

꿈을 꾸거나 꿈을 가지려면

무엇보다 우선 무모해지십시오.

결국은 용기입니다.

『탁월한 사유의 시선』

내 안에서 솟아나는 것은 다짐할 필요가 없습니다.

한 사람의 질문, 포부, 소명은 인격적인 문제이기 때문에

절대 외부로부터 만들어질 수 없습니다.

"열심히 하겠습니다"라고 다짐할 필요가 없는 일이

자기 일입니다.

24

꿈은 문법을 지키는 일이 아니라

새로운 문법을 만드는 일입니다.

자기 내면에서 나오는 자신만의 고유한 욕망으로

자기 인생을 채운 사람들이

인류에게 큰 영감을 주거나

인류를 번영시킨 창의적 성취를 이루어냅니다.

입춘

"덕불고德不孤, 필유린必有隣" 공자의 말처럼,

덕이 있는 사람은 반드시 함께하는 이웃이 있습니다.

그러나 친구를 기다리지는 마십시오.

우선 자기가 자기에게 친구면 충분합니다.

어둠이나 오리무중의 세상에서

아직 오지 않은 새로운 빛을 발견하는 과정이

'철학한다'는 것입니다.

우리 삶의 목적은 무엇일까요?

내가 별이 되는 것입니다.

이 순간의 삶 속에서 내가 영원을 경험하는 것,

이것이 삶의 목적입니다.

26

철학적 사고를 하는 사람은 얌전하지 않습니다.

이미 있는 것을 답답하게 생각하고,

세상과의 불화도 감당하지만

그 용기를 통해 '다음'이나 '너머'를 꿈꿀 수 있습니다.

자신만의 독특함을 근거로 자기 삶을 꾸리면

자기 주도적인 것입니다.

27

눈으로 보이고 손으로 만져지는 세계만 생각한다면

우리 삶은 미래를 꿈꾸지 못합니다.

보이지 않고 아직 없는 세계를 꿈꾸려 할 때

질문, 궁금증, 호기심, 창의성, 상상력이 일어납니다.

1

인생은 자기를 드러내고 단련하는 과정입니다.

자기 자신에게 진실한 사람이

치열한 삶을 살아가는 사람입니다.

28

과거는 익숙하고 새로운 것들은 낯설고 이상합니다.

익숙하지 않은 것, 이상한 것들에

새로운 시대를 여는 열쇠가 감춰져 있습니다.

2월

독립
獨立

내 삶의 주인으로 존재하기

주인이 아니라 손님의 태도로

이 세계를 대하는 겸손한 자세가

이 지구에서 자연과 조화로운 공생을

도모할 수 있게 할 것입니다.

31

자신의 이야기를 만들어내는 사람이

결국은 인생을 탁월하게 만듭니다.

30

'어떻게 살 것인가?'

'어떻게 죽을 것인가?'

삶의 가장 근원적인 질문 두 가지,

이것은 하나의 질문입니다.

죽음을 인식할 때 삶이 진실해지기 때문입니다.

30

생각을 이끄는 생각은

'어떻게 생각을 할까'라는 질문이 아니라

'나는 무엇을 원하는가? 어떤 사람이 되고 싶은가?

나는 어떻게 살다 가고 싶은가?'라고

스스로에게 하는 질문입니다.

12월

기본
基本

참된 나를 찾아서

29

사람이 정해진 생각에 빠지게 되면

더 이상 생각을 하지 않습니다.

신념에 매몰된, 생각 없는 사람들끼리 살게 되는 것입니다.

생각하는 능력을 상실한 사회는 폭력적인 사회가 됩니다.

11.1

죽기 전까지

우리에게 부여된

가장 숭고한 사명은

나를 대면하는 것입니다.

28

모두가 대답을 하려고 할 때

혼자서 질문하는 사람이

리더가 될 수 있습니다.

2

근본으로 돌아간다는 것은

자기 자신을 믿는 것입니다.

'나는 이미 완전한 존재다'라는 믿음으로 생각하고,

스스로를 대한다면 더 행복해질 수 있습니다.

이 세계는 동사처럼 움직이는 것입니다.

세계를 명사적으로 보면

시멘트 콘크리트처럼

딱딱하고 고정된 개념에 갇히게 됩니다.

인간은 누구든지 자기가 생각하는 것보다

더 강하고 아름답고, 더 괜찮은 사람입니다.

타인의 생각에 자신을 맞추다 보니

내가 작아 보이는 것뿐입니다.

26

숙고하지 않는 삶은 이기적이고 폐쇄적입니다.

숙고의 과정 없이 정해진 기준에 맞춰 행동하다 보면

새로운 세계에 대한 호기심,

개방성을 잃게 되기 때문입니다.

21

놀이나 공상에 빠지기. 지루함을 견디기.

운동, 글쓰기, 낭송 따위로 예민한 감각을 깨우기.

이것은 '나'의 내면을 단련하는 창의적인 활동들입니다.

12.15

대답은 이미 있는 지식과 이론을 확인하는 과정입니다.

인간은 대답할 때 기능적으로 존재하게 됩니다.

그것은 온전한 자기 자신과 멀어지는 일입니다.

참된 자아는 개방적인 사람입니다.

참된 사람은 굳어진 구조 밖으로

벗어날 줄 아는 사람이기 때문에

이기적이나 폐쇄적일 수 없습니다.

자신의 주인으로 사는 개방적 자아는

사회를 개방적인 방향으로 진보시킬 수 있습니다.

24

새롭고 위대한 것은

대답이 아닌 질문의 결과입니다.

무엇보다 자신에게 진실한 사람이 되십시오.

그러면 어떤 길이 될지는 모르지만

어디론가 가 있을 것입니다.

23

대답에 익숙하도록 훈련된 사람들은

더 중요한 것, 더 훌륭한 것, 더 아름다운 것을

밖에서 찾습니다. 내 삶과 생각이 아니라

외부에 있는 것을 기준으로 삼으면

행복지수가 낮아집니다.

대설

덕德은 나를 나이게 하는 힘입니다.

나를 나로 존재하게 하는 근거,

나에게서 나오는 고유한 힘을 찾으려 할 때

'덕이 있는 자'에 가까워질 것입니다.

대답은 '기능'이지만, 질문은 '인격'입니다.

대답은 인격적 준비가 되어 있지 않아도

가능한 일이지만,

질문은 궁금증과 호기심이라는 내면의 활동성 없이는

절대 나올 수 없는 일이기 때문입니다.

덕德은 자기를 자기이게 하는 가장 밑바탕의 힘입니다.

자기가 자기로만 되어 있는

'자약自若'한 사람은 행복할 수 있습니다.

자신의 존재감이 타인이 아니라

자신에게서 확인되기 때문입니다.

21

인문학을 하는 목적은

인문학적 지식을 갖추어 거기에 머무는 것이 아닙니다.

스스로 생각하는 법을 배우는 것,

생각하는 힘을 갖추는 것입니다.

천하를 위하는 사람이 부패할 수 있어도

자신을 위하는 사람은 부패하지 않습니다.

그는 자신의 완성과 존엄을 위해

살아가기 때문입니다.

대한

관습적인 '믿음'으로부터 벗어나

스스로 '생각'할 때 철학이 시작됩니다.

10

배운다는 것은

자기 자신이

이 세계에서 어떻게 살다 갈 것인가를 알고

그것을 수행하는 길입니다.

19

모든 인간은 자기 자신을 궁금해할 때

가장 강력한 힘을 발휘할 수 있습니다.

11

자발적이지 않은 것은 생명력이 없고,

창조적인 발전을 기대하기 어렵습니다.

자발적인 삶은 자신을 '나'라는

고유명사로 살려내는 길입니다.

18

다른 사람은 어떻게 사는지 궁금해하는 사람이

정작 자기 자신에 대해서는 궁금해하지 않는다면,

그것은 지적인 게으름 때문입니다.

나에 대해 가장 잘 알아야 하는 사람은

바로 자신입니다.

12

배움의 목적은 지식을 키우는 데 있는 것이 아니라,

자기 자신을 키우는 데 있습니다.

철학과 사상도 나의 자존과 나의 성장을 위해

존재하는 것입니다.

17

생각의 발단은 불편함을 인식하는 것입니다.

스스로 불편하고 답답한 것을 발견해서

그 문제를 해결하려고 덤비는 일, 그것이 생각입니다.

13

자기 몸을 천하만큼 사랑하는 사람에게는

덕德이 있습니다.

자기 삶을 일상에서 영위할 줄 아는 사람,

자기의 덕에 관심 있는 사람이 많아질 때

윤리적인 사회가 자연스럽게 이루어집니다.

16

어떤 현상을 보고 '좋다', '나쁘다'라고 판단하지 않고

'왜?'라는 질문을 하는 사람에게서

선견지명의 빛이 피어오릅니다.

21

왜 위로하는 사람이 되려 하지 않고,

위로받으려고만 할까요?

자기 자신이 분명하지 않은 사람은 위로를 구합니다.

스스로 무엇을 원하는지 모르고

관심이 없기 때문입니다.

15

아침에 일어나면 조용히 앉아

"나는 금방 죽는다"고 서너 번 중얼거립니다.

그러면 적어도 그날 하루는 덜 쩨쩨해질 수 있습니다.

15

11.15

경쟁 속에서 누구도 자신으로 존재할 수 없습니다.

모두가 다 자기 자신으로부터 소외되어 있습니다.

승리자나 패배자나 모두 행복할 수 없는 이유입니다.

1 2 4

익숙함에 갇혀 있으면 질문이 등장하지 않습니다.

그러나 익숙한 것이 생소하게 느껴지고,

정해진 것이 낯설어질 때,

어떤 것도 자기를 구속하지 못하고

온전히 자신으로만 있을 때,

그때가 질문이 제기되는 순간입니다.

『탁월한 사유의 시선』

16

큰 인간은 외부의 것과 경쟁하지 않습니다.

오직 자기 자신과 경쟁할 뿐입니다.

다른 사람보다 더 나아지겠다는 생각을 버리십시오.

어제의 나보다 오늘의 내가 더 나은지만

자세히 살피십시오.

13

질문에는 옳고 그름이 없습니다.

질문을 했다는 사실이 의미 있을 뿐,

질문은 옳고 그름처럼 확고하게 정해진 것이 아닙니다.

인류 역사의 창조적이고 새로운 것은

모두 엉뚱한 질문에서 나왔습니다.

17

사람이 사람으로 성장하는 일에서

가장 중요한 점은 '기본'입니다.

기본을 갖추고 있으면 모든 일을 잘 이룰 수 있습니다.

기본 가운데 기본은 자신이 누구인지 아는 것입니다.

12

생각하지 않는 것은 쉽고 편안합니다.

생각하는 것은 어렵고 힘이 듭니다.

생각의 기본 조건은 지적인 불안을 감당하고

질문을 던지는 부지런한 태도입니다.

18

용기는 자신의 존엄을 지키며

자기로 살기 위해 발휘하는

주체적인 활동입니다.

11

12.1

자신에 집중하는 사람은

자신이 발견한 문제를 숙고하고, 질문하게 됩니다.

질문은 자신을 앞으로 나아가게 합니다.

19

우리가 주어져 있는 이론에 갇히면

자신을 드러내지 못합니다.

자기를 드러내지 못하는 상황에서는

창의력이나 돌파력이 생길 수 없습니다.

기존의 이론, 믿음을 맹목적으로 믿지 말고,

자신을 믿고 자기 앞의 구체적인 세계를 대면하십시오.

10

질문은 한 사람이

이 세계에 대하여 품고 있는

호기심과 관심을 반영합니다.

20

철학은 생각의 결과를 배우는 것이 아니라,

생각할 줄 아는 것입니다.

자기만의 진리를 구성해보려는 능동적 활동성이

진정한 의미의 철학입니다.

한 사람의 성숙 정도는

대답이 아니라

질문에서 드러납니다.

21

동지

위대한 고전이나 철학자에게 자기 삶을 위탁하지 마세요.

그것은 자기에게 특수하고 구체적이며

울퉁불퉁한 이 세계를 평평하게 만들어버리는 일입니다.

자기 삶의 문제를 해결할 수 있는 것은

자기 자신입니다.

8

아이들은 당연한 게 적고 궁금한 것이 많습니다.

당연한 것이 궁금한 것을 압도하면 기성세대이고,

궁금한 것이 당연한 것을 압도하면 청년세대입니다.

22

인간은 끝없이 배워야 하지만

그 배움이 지식의 축적에만 머무르면 안 됩니다.

어떤 배움도 결국에는

나를 표현하기 위한 과정이 되어야 합니다.

독립적인 인간은 대답에 빠지지 않고 질문합니다.

질문을 가능하게 하는 힘은

각자의 내면에 있는 궁금증과 호기심입니다.

23

자기 자신에게 자부심이 있는 자는

스스로 어떻게 존재해야 하는지에

더 관심이 많은 자입니다.

소유의 길이 아니라 존재의 길을 가는 자들은

언제나 자기에게 당당합니다.

소한

인간은 습관대로 일상을 살아가기 쉽습니다.

혼란스러운 시대를 살면서도

혼란을 알아보는 사람이 많지 않은 까닭이

습관의 무거움 때문입니다.

24

작은 이익에 휘둘리는 삶이 아니라

자부심과 존엄을 지키는 삶을 살려고 하는 사람은

자신에게 떳떳한 자입니다.

질문은 내 안에 있는 궁금증과 호기심이

안에 머무르지 못하고

밖으로 튀어나오는 일입니다.

인간은 질문할 때 온전한 자기 자신이 됩니다.

성탄절

자기만의 고유함을 지킬 때

자유롭고 행복한 경지에 오를 수 있습니다.

한 사람을 다른 사람으로 만들려 하거나,

스스로 다른 사람이 되려 한다면 행복과는 멀어집니다.

21

대답은 멈추는 것이고 질문은 건너가는 것입니다.

대답이 틀에 박힌 것이라면,

질문은 가본 적 없는 세계 너머로

건너가고자 하는 적극적 시도입니다.

세계는 질문하는 도전으로 열립니다.

26

더 나은 사람이 되고 싶다면,

기능에 빠지지 않고

더 본질적인 것을 선택하면 됩니다.

최소한 부끄러워할 줄만 알아도

본질에 가까운 선택을 할 수 있습니다.

생각을 하고 싶다면

자신이 무엇을 원하는지,

자신의 고유한 욕망을 확인하는 일이 먼저입니다.

본질을 선택하는 태도란 목표보다는 목적을,

성적보다는 인성을, 시청률보다는 작품성을,

진학률보다는 인간으로서의 완성도를

더 중시할 줄 안다는 것입니다.

기능보다는 본질입니다.

여러분은 지금까지 바람직한 일을 하면서 살았습니까?

바라는 일을 하면서 살았습니까?

해야 하는 일을 하면서 살았습니까?

하고 싶은 일을 하면서 살았습니까?

좋은 일을 하면서 살았습니까?

좋아하는 일을 하면서 살았습니까?

28

세상을 혁명하고 싶으면

스스로를 먼저 혁명해야 합니다.

자기는 혁명되지 않은 채

세상을 혁명하려고 하기 때문에

일이 안 되는 것입니다.

신정

나는 누구인가?

이것이 모든 질문을 시작하게 하는

첫 번째 질문입니다.

29

자기를 섬기는 자는,

자기를 향해서 걷고, 자기가 자기에게 분명하며,

스스로를 궁금해합니다.

1월

질문
質問

나를 나이게 하는 힘